I0624087

Todos los libros de Linkgua Ediciones cuentan con modelos de Inteligencia Artificial entrenados por hispanistas. Pregúntale al chat de tu libro lo que desees acerca de la obra o su autor/a.

Para ebooks: Accede a nuestro modelo de IA a través de este enlace.

Para libros impresos: Escanea el código QR de la portada con tu dispositivo móvil.

Obtén análisis detallados de nuestros libros, resúmenes, respuestas a tus preguntas y accede a nuestras ediciones críticas generativas para una experiencia de lectura más enriquecedora.
La transparencia y el respeto hacia la autoría de las fuentes utilizadas son distintivos básicos de nuestro proyecto. Por ello, las respuestas ofrecen, mediante un sistema de citas, las fuentes con las que han sido elaboradas.

Autores varios

Constitución española
de 1837

Barcelona 2024
Linkgua-ediciones.com

Créditos

Título original: Constitución española de 1837.

© 2024, Red ediciones S.L.

e-mail: info@linkgua.com

Diseño de cubierta: Michel Mallard.

ISBN rústica ilustrada: 978-84-9953-509-8.
ISBN ebook: 978-84-9953-505-0.

Sumario

Constitución de 1837

Doña Isabel II, por la gracia de Dios y la Constitución de la Monarquía Española, Reina de las Españas, y en su Real nombre, y durante su menor edad, la Reina Viuda su Madre Doña María Cristina de Borbón, Gobernador del Reino; a todos los que las presentes vieren y entendieren, sabed: Que las Cortes generales han decretado y sancionado, y Nos de conformidad aceptado, lo siguiente:

Siendo la voluntad de la Nación revisar, en uso de su soberanía, la Constitución política promulgada en Cádiz el 19 de Marzo de 1812, las Cortes generales, congregadas a este fin, decretan y sancionan la siguiente

Constitución de la Monarquía española

Título primero. De los españoles

Artículo 1.º Son españoles:

Primero. Todas las personas nacidas en los dominios de España.

Segundo. Los hijos de padre o madres españoles, aunque hayan nacido fuera de España.

Tercero. Los extranjeros que hayan obtenido carta de naturaleza.

Cuarto. Los que sin ella hayan ganado vecindad en cualquier pueblo de la Monarquía.

La calidad de español se pierde por adquirir naturaleza en país extranjero y por admitir empleo de otro Gobierno sin licencia del Rey.

Artículo 2.º Todos los españoles pueden imprimir y publicar libremente sus ideas sin previa censura, con sujeción a las leyes. La calificación de los delitos de imprenta corresponde exclusivamente a los jurados.

Artículo 3.º Todo español tiene derecho de dirigir peticiones por escrito a las Cortes y al Rey, como determinen las leyes.

Artículo 4.º Unos mismos Códigos regirán en toda la Monarquía, y en ellos no se establecerá más que un solo fuero para todos los españoles en los juicios comunes, civiles y criminales.

Artículo 5.º Todos los españoles son admisibles a los empleos y cargos públicos, según su mérito y capacidad.

Artículo 6.º Todo español está obligado a defender la patria con las armas cuando sea llamado por la ley, y a combatir en proporción de sus haberes para los gastos del Estado.

Artículo 7.º No puede ser detenido, ni preso, ni separado de su domicilio ningún español, ni allanada su cada, sino en los casos y en la forma que las leyes prescriban.

Artículo 8.º Si la seguridad del Estado exigiere en circunstancias extraordinarias la suspensión temporal en toda la Monarquía, o en parte de ella, de lo dispuesto en el Artículo anterior, se determinará por una ley.

Artículo 9.º Ningún español puede ser procesado ni sentenciado sino por el juez o tribunal competente, en virtud de leyes anteriores al delito y en la forma que éstas prescriban.

Artículo 10. No se impondrá jamás la pena de confiscación de bienes, y ningún español será privado de su propiedad sino por causa justificada de utilidad común, previa la correspondiente indemnización.

Artículo 11. La Nación se obliga a mantener el culto y los ministros de la religión católica que profesan los españoles.

Título II. De las Cortes

Artículo 12. La potestad de hacer las leyes reside en las Cortes con el Rey.

Artículo 13. Las Cortes se componen de dos Cuerpos Colegisladores, iguales en facultades: el Senado y el Congreso de Diputados.

Título III. Del Senado

Artículo 14. El número de los Senadores será igual a las tres quintas partes de los Diputados.

Artículo 15. Los Senadores son nombrados por el Rey a propuesta, en lista triple, de los electores que en cada provincia nombran los Diputados a Cortes.

Artículo 16. A cada provincia corresponde proponer un número de Senadores proporcional a su población; pero ninguna dejará de tener, por lo menos, un Senador.

Artículo 17. Para ser Senador se requiere ser español, mayor de cuarenta años y tener medios de subsistencia y las demás circunstancias que determine la ley electoral.

Artículo 18. Todos los españoles en quienes concurran estas calidades, pueden ser propuestos para Senadores por cualquier provincia de la Monarquía.

Artículo 19. Cada vez que se haga elección general de Diputados, por haber expirado el término de su encargo, o por haber sido disuelto el Congreso, se renovará por orden de antigüedad la tercera parte de los Senadores, los cuales podrán ser reelegidos.

Artículo 20. Los hijos del Rey y del heredero inmediato de la Corona son Senadores a la edad de veinticinco años.

Título IV. Del Congreso de los Diputados

Artículo 21. Cada provincia nombrará un Diputado, a lo menos, por cada cincuenta mil almas de su población.

Artículo 22. Los Diputados se elegirán por el método directo, y podrán ser reelegidos indefinidamente.

Artículo 23. Para ser Diputado se requiere ser español del estado seglar, haber cumplido veinticinco años y tener las demás circunstancias que exija la ley electoral.

Artículo 24. Todo español que tenga estas calidades puede ser nombrado Diputado por cualquier provincia.

Artículo 25. Los Diputados serán elegidos por tres años.

Título V. De la celebración y facultades de las Cortes

Artículo 26. Las Cortes se reúnen todos los años. Corresponde al Rey convocarlas, suspender y cerrar sus sesiones y disolver el Congreso de los Diputados; pero con la obligación, en este último caso, de convocar otras Cortes, y reunirlas dentro de tres meses.

Artículo 27. Si el Rey dejare de reunir algún año las Cortes antes del 1.º de Diciembre, se juntarán precisamente en este día, y en el caso de que aquel mismo año concluya el encargo de los Diputados se empezarán las elecciones el primer domingo de Octubre para hacer nuevos nombramientos.

Artículo 28. Las Cortes se reunirán extraordinariamente luego que vacare la Corona, o que el Rey se imposibilitare de cualquier modo para el gobierno.

Artículo 29. Cada uno de los Cuerpos Colegisladores forma el respectivo reglamento para su gobierno interior y examina la legalidad de las elecciones y las calidades de los individuos que le componen.

Artículo 30. El Congreso de los Diputados nombra su Presidente, Vicepresidentes y Secretarios.

Artículo 31. El Rey nombra para cada legislatura, de entre los mismos Senadores, el Presidente y Vicepresidentes del Senado, y éste elige sus Secretarios.

Artículo 32. El Rey abre y cierra las Cortes, en persona o por medio de los Ministros.

Artículo 33. No podrá estar reunido uno de los Cuerpos Colegisladores sin que lo esté el otro también, excepto en el caso en que el Senado juzgue a los Ministros.

Artículo 34. Los Cuerpos Colegisladores no pueden deliberar juntos ni en presencia del Rey.

Artículo 35. Las sesiones del Senado y del Congreso serán públicas, y solo en los casos que exijan reserva podrá celebrarse sesión secreta.

Artículo 36. El Rey y cada uno de los Cuerpos Colegisladores tienen la iniciativa de las leyes.

Artículo 37. Las leyes sobre contribuciones y crédito público se presentarán primero al Congreso de los Diputados, y si en el Senado sufrieren alguna alteración que aquél no admita después, pasará a la sanción Real lo que los Diputados aprobaren definitivamente.

Artículo 38. Las resoluciones de cada uno de los Cuerpos Colegisladores se toman a pluralidad absoluta de votos; pero para votar las leyes se requiere la presencia de la mitad más uno del número total de los individuos que le componen.

Artículo 39. Si uno de los Cuerpos Colegisladores desechare algún proyecto de ley, o le negare el Rey la sanción, no podrá volverse a proponer un proyecto de ley sobre el mismo objeto en aquella legislatura.

Artículo 40. Además de la potestad legislativa que ejercen las Cortes con el Rey, les pertenecen las facultades siguientes:

1.ª Recibir al Rey, al sucesor inmediato de la Corona y a la Regencia o Regente del Reino el juramento de guardar la Constitución y las leyes.

2.ª Resolver cualquier duda de hecho o de derecho que ocurra en orden a la sucesión a la Corona.

3.ª Elegir Regente o Regencia del Reino, y nombrar tutor al Rey menor, cuando lo previene la Constitución.

4.ª Hacer efectiva la responsabilidad de los Ministros, los cuales serán acusados por el Congreso, y juzgados por el Senado.

Artículo 41. Los Senadores y los Diputados son inviolables por sus opiniones y votos en el ejercicio de su encargo.

Artículo 42. Los Senadores y los Diputados no podrán ser procesados ni arrestados durante las sesiones sin permiso del respectivo Cuerpo Colegislador, a no ser hallados infraganti; pero, en este caso, y en el de ser procesados o arrestados cuando estuvieren cerradas las Cortes, se deberá dar cuenta lo más pronto posible al respectivo Cuerpo para su conocimiento y resolución.

Artículo 43. Los Diputados y Senadores que admitan del Gobierno, o de la Casa Real, pensión, empleo que no sea de escala en su respectiva carrera, comisión con sueldo, honores o condecoraciones, quedan sujetos a reelección.

Título VI. Del Rey

Artículo 44. La persona del Rey es sagrada e inviolable, y no está sujeta a la responsabilidad. Son responsables los Ministros.

Artículo 45. La potestad de hacer ejecutar las leyes reside en el Rey, y su autoridad se extiende a todo cuanto conduce a la conservación del orden público en lo interior y a la seguridad del Estado con lo exterior, conforme a la Constitución y a las leyes.

Artículo 46. El Rey sanciona y promulga las leyes.

Artículo 47. Además de las prerrogativas que la Constitución señala al Rey, le corresponde:

1.º Expedir los decretos, reglamentos e instrucciones que sean conducentes para la ejecución de las leyes.

2.º Cuidar de que en todo el Reino se administre pronta y cumplidamente la justicia.

3.º Indultar a los delincuentes con arreglo a las leyes.

4.º Declarar la guerra y hacer ratificar la paz, dando después cuenta documentada a las Cortes.

5.º Disponer de la fuerza armada, distribuyéndola como más convenga.

6.º Dirigir las relaciones diplomáticas y comerciales con las demás Potencias.

7.º Cuidar de la fabricación de la moneda, en la que se pondrá su busto y nombre.

8.º Decretar la inversión de los fondos destinados a cada uno de los ramos de la administración pública.

9.º Nombrar todos los empleados públicos y conceder honores y distinciones de todas clases, con arreglo a las leyes.

10. Nombrar y separar libremente los Ministros.

Artículo 48. El Rey necesita estar autorizado por una ley especial:

1.º Para enajenar, ceder o permutar cualquiera parte del territorio español.

2.º Para admitir tropas extranjeras en el Reino.

3.º Para ratificar los tratados de alianza ofensiva, los especiales de comercio y los que estipulen dar subsidios a alguna potencia extranjera.

4.º Para ausentarse del Reino.

5.º Para contraer matrimonio y para permitir que lo contraigan las personas que sean súbditos suyos y estén llamadas por la Constitución a suceder en el Trono.

6.º Para abdicar la Corona en su inmediato sucesor.

Artículo 49. La dotación del Rey y de su familia se fijará por las Cortes al principio de cada reinado.

Título VII. De la sucesión de la Corona

Artículo 50. La Reina legítima de las Españas es Doña Isabel II de Borbón.

Artículo 51. La sucesión en el Trono de las Españas será según el orden regular de primogenitura y representación, prefiriendo siempre la línea anterior a las posteriores: en la misma línea, el grado más próximo al más remoto; en el mismo grado, el varón a la hembra, y en el mismo sexo, la persona de más edad a la de menos.

Artículo 52. Extinguidas las líneas de los descendientes legítimos de Doña Isabel II de Borbón, sucederán por el orden que queda establecido, su hermana y los tíos hermanos de su padre, así varones como hembras, y sus legítimos descendientes, si no estuviesen excluidos.

Artículo 53. Si se llegaren a extinguirse todas las líneas que señalan, las Cortes harán nuevos llamamientos, como más convenga a la Nación.

Artículo 54. Las Cortes deberán excluir de la sucesión aquellas personas que sean incapaces para gobernar, o hayan hecho cosa porque merezcan perder el derecho a la Corona.

Artículo 55. Cuando reine una hembra, su marido no tendrá parte ninguna en el Gobierno del Reino.

Título VIII. De la menor edad del Rey, y de la Regencia

Artículo 56. El Rey es menor de edad hasta cumplir catorce años.

Artículo 57. Cuando el Rey se imposibilitare para ejercer su autoridad, o vacare la Corona siendo de menor edad el inmediato sucesor, nombrarán las Cortes para gobernar el Reino, una Regencia compuesta de una, tres o cinco personas.

Artículo 58. Hasta que las Cortes nombren la Regencia, será gobernado el Reino provisionalmente por el padre o la madre del Rey; y, en su defecto, por el Consejo de Ministros.

Artículo 59. La Regencia ejercerá toda la autoridad del Rey, en cuyo nombre se publicarán los actos del Gobierno.

Artículo 60. Será tutor del Rey menor la persona que en su testamento hubiese nombrado el Rey difunto, siempre que sea español de nacimiento; si no le hubiese nombrado, será tutor el padre o la madre, mientras permanezcan viudos. En su defecto le nombrarán las Cortes; pero no podrán estar reunidos, los encargos de Regente y de tutor del Rey, sino en el padre o la madre de éste.

Título IX. De los Ministros

Artículo 61. Todo lo que el Rey mandare o dispusiere en el ejercicio de su autoridad, deberá ser firmado por el Ministro a quien corresponda, y ningún funcionario público dará cumplimiento a lo que carezca de este requisito.

Artículo 62. Los Ministros pueden ser Senadores o Diputados, y tomar parte en las discusiones de ambos Cuerpos Colegisladores; pero solo tendrán voto en aquel a que pertenezcan.

Título X. Del Poder Judicial

Artículo 63. A los Tribunales y Juzgados pertenece exclusivamente la potestad de aplicar las leyes en los juicios civiles y criminales, sin que puedan ejercer otras funciones que las de juzgar y hacer que se ejecute lo juzgado.

Artículo 64. Las leyes determinarán los Tribunales y Juzgados que ha de hacer, la organización de cada uno, sus facultades, el modo de ejercerlas, y las calidades que han de tener sus individuos.

Artículo 65. Los juicios en materias criminales serán públicos, en la forma que determinen las leyes.

Artículo 66. Ningún magistrado o juez podrá ser depuesto de su destino, temporal o perpetuo, sino por sentencia ejecutoria, ni suspendido sino por auto judicial, o en virtud de orden del Rey, cuando éste, con motivos fundados, le mande juzgar por el Tribunal competente.

Artículo 67. Los jueces son responsables personalmente de toda infracción de ley que cometan.

Artículo 68. La ajusticia se administra en nombre del Rey.

Título XI. De las Diputaciones Provinciales y de los Ayuntamientos

Artículo 69. En cada provincia habrá una Diputación provincial, compuesta del número de individuos que determine la ley, nombrados por los mismos electores que los Diputados a Cortes.

Artículo 70. Para el gobierno interior de los pueblos habrá Ayuntamientos, nombrados por los vecinos, a quienes la ley conceda este derecho.

Artículo 71. La ley determinará la organización y funciones de las Diputaciones provinciales y de los Ayuntamientos.

Título XII. De las Contribuciones

Artículo 72. Todos los años presentará el Gobierno a las Cortes el Presupuesto general de los gastos del Estado para el año siguiente, y el plan de las contribuciones y medios para llenarlos; como asimismo las cuentas de la recaudación e inversión de los caudales públicos para su examen y aprobación.

Artículo 73. No podrá imponerse ni cobrarse ninguna contribución ni arbitrio, que no esté autorizado por la ley de Presupuestos u otra especial.

Artículo 74. Igual autorización se necesita para disponer de las propiedades del Estado y para tomar caudales a préstamo sobre el crédito de la Nación.

Artículo 75. La deuda pública está bajo la salvaguardia especial de la Nación.

Título XIII. De la Fuerza Militar Nacional

Artículo 76. Las Cortes fijarán todos los años, a propuesta del Rey, la fuerza militar permanente de mar y tierra.

Artículo 77. Habrá en cada provincia cuerpos de Milicia Nacional, cuya organización y servicio se arreglará por una ley especial; y el Rey podrá, en caso necesario, disponer de esta fuerza dentro de la respectiva provincia; pero no podrá emplearla fuera de ella sin otorgamiento de las Cortes.

Artículos adicionales

Artículo 1.º Las leyes determinarán la época y el modo, en que se ha de establecer el juicio por jurados para toda clase de delitos.

Artículo 2.º Las provincias de Ultramar serán gobernadas por leyes especiales.

Palacio de la Cortes en Madrid a 8 de Junio del año de 1837.

Agustín Argüelles, Diputado de la provincia de Madrid, Presidente. Siguen las firmas de todos los Señores Diputados. Pío Laborda, Diputado por la provincia de Zaragoza, Secretario. Mauricio Carlos de Onís, Diputado por la provincia de Salamanca, Secretario. Miguel Roda, Diputado por la provincia de Granada, Secretario. José Feliú y Miralles, Diputado por la provincia de Barcelona, Secretario.

Real Palacio de Madrid, 17 de Junio de 1837. Conforme con lo dispuesto en esta Constitución, me adhiero a ella y acepto en nombre de mi augusta hija la Reina Doña Isabel II. María Cristina, Reina Gobernadora. Como Secretario del Despacho de Estado y Presidente del Consejo de Ministros, José María Calatrava. Como Secretario de Estado y del Despacho de la Gobernación de la Península, Pío Pita. Como Secretario de Estado y del Despacho de Gracia y Justicia, José Landero. Como Secretario de Estado y del Despacho de Hacienda, y encargado interinamente del de Marina, Comercio y Gobernación de Ultramar, Juan Alvarez y Mendizábal. Como Secretario de Estado y del Despacho de Guerra, El Conde de Almodóvar.

Por tanto, mandamos a todos los españoles súbditos de la Reina nuestra amada Hija, de cualquier clase y condición que sean, que hayan y guarden la Constitución inserta como ley fundamental de la Monarquía, y mandamos asimismo a todos los Tribunales, Justicias, Jefes, Gobernadores y demás autoridades, así civiles como militares y eclesiásticas, de cualquier clase y dignidad, que guarden y hagan guardar, cumplir y ejecutar la expresada Constitución en todas sus partes. Tendréislo entendido, y dispondréis lo necesario para su cumplimiento, haciéndolo imprimir, publicar y circular. Yo la Reina Gobernadora. En Palacio a 18 de Junio de 1837. a D. José María Calatrava, Presidente del Consejo de Ministros.

Libros a la carta

A la carta es un servicio especializado para
empresas,
librerías,
bibliotecas,
editoriales
y centros de enseñanza;
y permite confeccionar libros que, por su formato y concepción, sirven a los propósitos más específicos de estas instituciones.

Las empresas nos encargan ediciones personalizadas para marketing editorial o para regalos institucionales. Y los interesados solicitan, a título personal, ediciones antiguas, o no disponibles en el mercado; y las acompañan con notas y comentarios críticos.

Las ediciones tienen como apoyo un libro de estilo con todo tipo de referencias sobre los criterios de tratamiento tipográfico aplicados a nuestros libros que puede ser consultado en Linkgua-ediciones.com.

Linkgua edita por encargo diferentes versiones de una misma obra con distintos tratamientos ortotipográficos (actualizaciones de carácter divulgativo de un clásico, o versiones estrictamente fieles a la edición original de referencia).

Este servicio de ediciones a la carta le permitirá, si usted se dedica a la enseñanza, tener una forma de hacer pública su interpretación de un texto y, sobre una versión digitalizada «base», usted podrá introducir interpretaciones del texto fuente. Es un tópico que los profesores denuncien en clase los desmanes de una edición, o vayan comentando errores de interpretación de un texto y esta es una solución útil a esa necesidad del mundo académico.

Asimismo publicamos de manera sistemática, en un mismo catálogo, tesis doctorales y actas de congresos académicos, que son distribuidas a través de nuestra Web.

El servicio de «libros a la carta» funciona de dos formas.

1. Tenemos un fondo de libros digitalizados que usted puede personalizar en tiradas de al menos cinco ejemplares. Estas personalizaciones pueden ser de todo tipo: añadir notas de clase para uso de un grupo de estudiantes, introducir logos corporativos para uso con fines de marketing empresarial, etc. etc.

2. Buscamos libros descatalogados de otras editoriales y los reeditamos en tiradas cortas a petición de un cliente.